Un s[illegible]e dans les étoiles

MARC CANTIN

ILLUSTRATIONS
D'OLIVIER LATYK

Chapitre 1

Albert est un génie.
À six ans, il sait des choses que la plupart des grands ne savent pas.
Par exemple, il sait compter plus vite qu'un ordinateur.
Il sait aussi écrire de la main droite et dessiner en même temps de la main gauche.

Mais Albert se pose une question.
La seule question à laquelle Albert,
qui est pourtant un génie,
ne trouve pas de réponse.
« Mais où finit l'infini ? »
se demande-t-il en
se grattant la tête.

Alors Albert,
qui sait aussi tout
faire, construit
une fusée.
Il la construit
derrière
la maison
de ses parents.

Une fois la fusée terminée,
il monte dedans et…

Trois,

deux,

un…

ZÉRO !

Albert s’envole,
laissant derrière
lui la fumée de
sa fusée et la maison
de ses parents.

Albert perce
les nuages.

Albert croise un avion
de croisière aussi gros
qu'un paquebot.

Albert dépasse
la Lune et s'enfonce
dans l'Univers
qu'on dit infini.

– Oh ! Mars !
s'exclame-t-il,
le nez collé au
hublot de sa fusée.

Puis il voit Jupiter.

Puis il voit
les anneaux
de Saturne.

Puis il voit qu'il ne voit plus rien :
ça y est, c'est l'infini qui commence…

Soudain une planète apparaît.
Une planète toute jaune perdue dans ce monde infini.
Les habitants accueillent Albert en agitant leurs antennes.

– Bonjour, je cherche la fin de l'infini, explique Albert.

Tous les habitants semblent
d'accord : la fin de l'infini,
c'est toujours tout droit.

– Mais attention,
prévient l'un d'eux,
au bout de l'infini,
il y a un mur
dans lequel
ta fusée plantera
son nez pointu !

– Peu importe,
répond Albert,
ça ne me fait pas peur.

Et Albert repart…

Chapitre 2

Mais Albert ne trouve rien.
Rien d'autre qu'une nouvelle planète perdue dans ce monde infini.
Une planète toute bleue.
Les habitants accueillent Albert avec méfiance.

– Je viens en ami, explique-t-il.
Je cherche la fin de l'infini.

– Drôle d'idée, marmonne le plus grand des habitants.

« Tout le monde sait qu'au bout de l'Univers, il y a un monstre qui t'avalera tout cru !

– Ça ne me fait pas peur, assure Albert.
– Alors va à droite, et tu trouveras la fin de l'infini.

Sans attendre, Albert repart…

Albert tourne à droite,

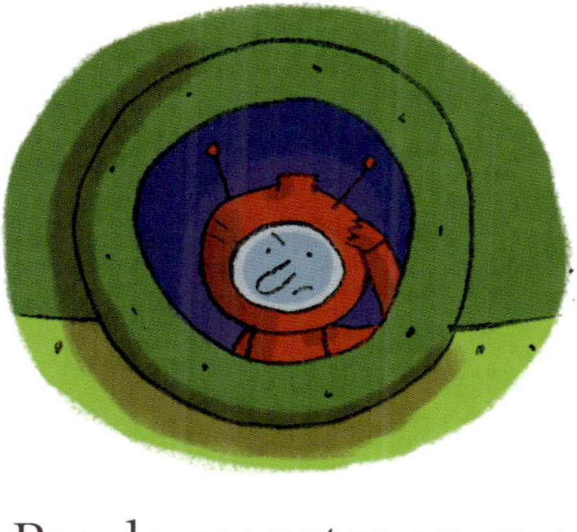

il avance, avance…

Pas de monstre en vue.

Il ne trouve qu'une autre planète. Une planète toute verte perdue dans ce monde infini. Les habitants regardent Albert avec de grands yeux étonnés.

– Pouvez-vous me dire où se trouve la fin de l'infini ? demande Albert.

– À gauche, il y a un panneau, chuchote le plus petit des habitants. Dessus, il est inscrit : « Fin de l'infini à cent mètres ».

– Merci ! s'écrie joyeusement Albert.

Albert tourne à gauche.

Chapitre 3

Albert voyage longtemps, longtemps. Découragé, il s'apprête à faire demi-tour quand une planète de la couleur d'un arc-en-ciel apparaît…

Elle est très bizarre : elle a un côté rond et un côté carré. En haut il fait beau, en bas mauvais. Et l'unique maison ressemble à une pyramide avec une cheminée et un balcon.

Un vieil extraterrestre avec une barbe sur la tête sort sur le balcon.
Il tient une scie sans dents et un marteau mou, et semble très occupé.

– Heu… Bonjour, dit Albert.

– Salut, mon garçon ! Que puis-je faire pour toi ?

– Voilà, dit Albert.
Je voudrais savoir
où finit l'infini.
Mais depuis que je cherche
à répondre à cette question,
l'Univers semble encore plus infini.
Et l'infini, c'est drôlement long.

– L'imagination est infinie, dit le vieil extraterrestre en désignant fièrement sa planète. Et l'amour aussi !

– L'amour ?… Mais oui ! s'écrie Albert en se frappant le front. Cette fois, Albert-le-génie sait où trouver l'infini.

– Je vous remercie infiniment, dit Albert.

Puis il remonte dans sa fusée et prend le chemin du retour.

Pleins gaz ! La Terre est déjà en vue.

Albert atterrit dans son jardin à l'endroit même où il avait décollé. À peine descendu de sa fusée, il se jette dans les bras de ses parents, heureux à l'infini d'avoir retrouvé leur petit génie.

– Moi aussi, je vous aime à l’infini, dit Albert en les embrassant. L’infini, ça n’a pas de fin, et ça, c’est drôlement bien !

FIN

300, rue Léon-Joulin, 31101 Toulouse Cedex 9 – France
www.editionsmilan.com
Loi 49.956 du 16.07.1949 sur les publications destinées à la jeunesse.
Dépôt légal : 3e trimestre 2007
ISBN : 978-2-7459-2979-2
Imprimé en France par Fournié